SCHOLASTIC explora tu mundo™

Perritos y gatitos

Penelope Arlon
y Tory Gordon-Harris

Explora un poco más con el libro digital complementario gratis.

Contenido

Literacy Consultant: Barbara Russ, 21st Century Community Learning Center Director for Winooski (Vermont) School District

Natural History Consultant: Kim Dennis-Bryan, PhD

Originally published in English as *Scholastic Discover More™: Puppies and Kittens*
Copyright © 2013 by Scholastic Inc.
Translation copyright © 2013 by Scholastic Inc.

ISBN 978-0-545-56558-5

10 9 8 7 6 5 4 3 2 1   13 14 15 16 17

Printed in Malaysia   108
First Spanish edition, September 2013

Scholastic hace esfuerzos constantes por reducir el impacto ecológico de nuestros procesos de manufactura.
Para ver nuestras normas para la obtención de papel, visite www.scholastic.com/paperpolicy

Las mascotas perfectas

Los perros y los gatos son muy lindos. ¡Y son las mejores mascotas!

madre y cachorro

Los perros pueden ser de todos los tamaños y tener el pelo largo o corto. Es importante elegir uno adecuado para tu familia.

Cuando cargues
a un perro o
un gato, hazlo
con cuidado.
Ponle un brazo
por debajo y
otro por encima.

Si tienes un perrito o un gatito como mascota, ¡tienes un buen amigo!

madre
y gatito

Las crías de gato y perro se deben quedar con la madre al menos dos meses antes de que puedas llevarlas a casa.

Hola, perritos

Casi siempre la perra pare más de un perrito. Los cachorros que nacen al mismo tiempo forman un grupo llamado camada.

Al nacer, los cachorros no ven, pues tienen los ojos cerrados, y tampoco oyen.

Usualmente, la perra tiene entre 3 y 12 perritos en cada parto, ¡pero el récord de una camada es 24!

Por 4 semanas, el único alimento de los perritos es la leche de la madre.

Como todos los mamíferos, las perras y las gatas producen leche en su cuerpo.

Como tienen los ojos cerrados, los perritos buscan la leche de la madre por el olfato.

La madre lame a sus crías para limpiarlas, y así también los perritos se sienten protegidos.

El crecimiento

Al nacer, los cachorros necesitan de su madre para todo, ¡pero muy pronto comienzan a jugar!

Los perritos crecen rápido.

madre
cansada

Los perritos recién nacidos solo duermen, comen y hacen caca y pipí. A las dos semanas, abren los ojos.

A las tres semanas de nacidos, los cachorros ya oyen y empiezan a explorar su entorno.

Los perritos comienzan a ladrar entre dos y cuatro semanas después de nacer. Antes de eso, solo saben chillar.

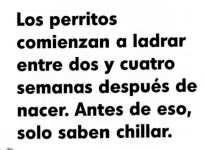

A las ocho semanas de nacidos, los perritos se pasan el día jugando y mordiendo. Ya no necesitan de la madre.

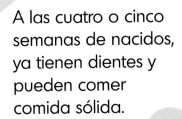

A las cuatro o cinco semanas de nacidos, ya tienen dientes y pueden comer comida sólida.

¡Jau!

Los perritos no hablan, pero si los observas puedes saber cómo se sienten.

¡Jau! Los perritos ladran cuando están nerviosos o necesitan atención.

Si el perrito se pone contento al verte, menea la cola.

Si se pone bocarriba, es que quiere que lo acaricies.

Cuando el perrito baja el pecho y alza la cola, quiere jugar.

Si ladea la cabeza, es que está tratando de entender algo.

Si para las orejas, está escuchando con atención.

gatito
recién nacido

Hola, gatitos

Los gatitos recién nacidos no pueden ver, oír, ni caminar.

Al nacer, los gatos tienen los ojos azules. Luego estos cambian de color.

¡Todos esos gatitos pueden tomar leche al mismo tiempo!

Los gatitos y perritos maman, o toman, la leche de la madre.

Después de mamar, los gatitos se duermen. ¡Y la mamá descansa!

La madre lame a los gatitos para limpiar su pelaje.

13

El crecimiento

Al nacer, los gatitos son muy chiquitos, ¡pero crecen rápidamente!

La madre sostiene a la cría en su boca con mucho cuidado para llevarla de un lugar a otro.

¡A los dos días ya ronronean!

A la semana de nacido, el gatito se pone bocabajo para moverse.

A las cuatro semanas comienza a jugar. Y ya tiene dientes.

Los gatos tienen dientes de leche que comienzan a caérseles a las catorce semanas de nacidos, y luego comienzan a salirles los dientes de adulto.

A las ocho semanas ya puede sobrevivir solo, sin la ayuda de su madre.

A las seis semanas de nacido, el gatito es muy curioso. Le gusta meterse en todas partes.

¡Miau!

Los gatitos saben demostrar muy bien lo que quieren y cómo se sienten.

Cuando está contento, el gatito se pone a ronronear.

Cuando te lame, eso quiere decir que te quiere.

Si para la cola, el gatito se siente confiado y contento.

Este gatito siente curiosidad. Por eso sus orejas están paradas y mira fijamente.

Si está asustado, se le eriza el pelo y lanza una especie de silbido.

Si se pone bocarriba, eso quiere decir que confía en ti.

Si maúlla, es que quiere algo, por ejemplo, una caricia.

¡A jugar, perrito!

A los perritos les encanta jugar entre sí... ¡y con las personas!

Es importante que los perritos tengan juguetes... ¡para que no muerdan otros objetos!

Debes enseñarles sus juguetes para animarlos a jugar.

Les encanta halar y que les lancen cosas para ir a buscarlas.

Los cachorros se han dormido. ¡Jugar también cansa!

juguete
para halar

pelota

juguete
que suena

¡Gatitos juguetones!

A los gatitos les encanta jugar,
¡y aprenden mucho jugando!

Los gatitos aprenden a cazar jugando. Un ratón de juguete es ideal para practicar.

Lanza un hilo de estambre al suelo, y verás como el gatito se abalanza sobre él.

El gatito necesita muchas horas de sueño. Si se duerme, déjalo descansar.

Los gatitos aprenden a saltar, escalar, mantener el equilibrio y saltar sobre su presa mientras juegan.

A entrenarse

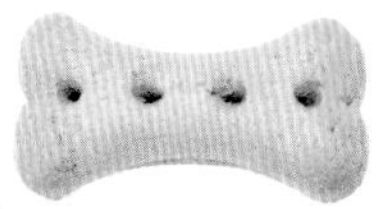

galletita

Los perritos aprenden rápido. Es divertido entrenarlos.

échate

siéntate

Enseña a tu perrito a echarse. Cuando lo haga bien, dale una galletita y dile "bien hecho".

¡bocarriba!

Enseña a tu perrito a sentarse cuando se lo ordenes.

Los perritos aprenden a obedecer órdenes como ponerse bocarriba.

juguete

correa

Entrena a tu perrito para que camine junto a ti sujeto por una correa cuando salgan de la casa.

Desfile de perritos

Hay perros de todas las formas y tamaños, según sus razas.

beagle

boyero de Berna

perro salchicha miniatura

spaniel

labrador/ bóxer

terrier

chucho (perro de raza mixta)

caniche

labrador cobrador

labradoodle

pug

husky
siberiano

pastor belga
tervuerense

cobrador

bulldog

perro salchicha
de pelo largo

pastor
alemán

bulldog

pekinés

Jack Russell terrier

25

Desfile de gatitos

Los gatos de distintas razas son casi del mismo tamaño, pero su pelaje es diferente.

chartreux

gato americano de pelo corto

siamés

ragdoll

devon rex

fold escocés

curl americano

birmano

26

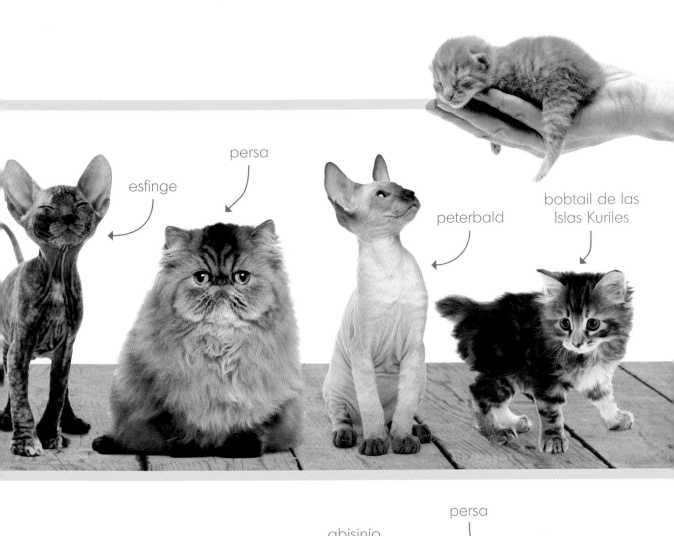

esfinge

persa

peterbald

bobtail de las Islas Kuriles

siamés

mancoon

abisinio

persa

esfinge

Primos

Los perros y los gatos tienen parientes salvajes.

Lobo

Los perros son parientes de los lobos. Estos animales viven en grupos llamados manadas.

Perro salvaje

El licaón, o perro salvaje africano, es del tamaño del pastor alemán y tiene grandes orejas.

salvajes

Muchos gatos tienen rayas como los tigres, animales salvajes que viven en las selvas de Asia.

Leopardo

Los leopardos saben escalar árboles, como los gatos, que son sus primos pequeños.

León

Los cachorros de león parecen gatitos. Aprenden a cazar jugando entre sí.

Glosario

abalanzarse
Saltar sobre algo o alguien, sobre todo para tratar de atraparlo.

cachorro
Cría de algunos animales, como los lobos y los grandes felinos.

camada
Crías de animales que nacen al mismo tiempo y de la misma madre.

dientes de leche
Los primeros dientes que les salen a los mamíferos, y que luego se caen y son reemplazados por dientes permanentes.

león
Felino de gran tamaño. Vive en África e India.

leopardo
Felino grande y con lunares en el pelaje. Vive en África y Asia.

licaón
El tipo más grande de perro africano. Se le dice también "lobo pintado" por su colorido pelaje.

lobo
Perro salvaje. El lobo gris es el antecesor del perro doméstico.

mamar
Tomar leche de la madre.

mamífero
Animal de sangre caliente que tiene pelo y alimenta a sus hijos con leche que produce su cuerpo. Los perros, los gatos y los seres humanos son mamíferos.

manada
Grupo de animales que viven y cazan juntos.

mascota
Animal domesticado que sirve de compañía a las personas.

menear
Mover de un lado a otro. Los perros menean la cola cuando están contentos.

pelaje
Pelo de un animal, como un perro o un gato. Solo los mamíferos tienen pelo.

razas
Grupos en que se dividen animales de una misma especie que tienen características semejantes.

recién nacido
Cría que acaba de nacer.

ronroneo
Sonido parecido a un ronquido que hace el gato cuando está contento.

tigre
El más grande de los felinos. Vive en Asia y tiene el pelaje dorado con rayas negras o marrones.

Índice

Agradecimientos

Directora de arte: Bryn Walls
Diseñadora: Ali Scrivens
Editora general: Miranda Smith
Editora de producción: Stephanie Engel
Editora en EE.UU.: Esther Lin
Editores en español: María Domínguez, J.P. Lombana
Diseñadora de la cubierta: Neal Cobourne
DTP: John Goldsmid
Editora de contenido visual: Diane Allford-Trotman
Director ejecutivo de fotografía, Scholastic: Steve Diamond

Créditos fotográficos
1: Juniors Bildarchiv/Alamy; 3: DedMorozz/iStockphoto; 4-5 (grass and sky background): anankkml/Fotolia; 4-5 (floorboards background): Petrov Stanislav Eduardovich/Shutterstock; 4l, 4r, 5tl: Isselee/Dreamstime; 5tc: Fotolia; 5tr: iStockphoto; 5bl: Thinkstock; 5br: iStockphoto; 6-7 (background t): javarman/Shutterstock; 6-7 (background b): Jagodka/Dreamstime; 6tl: iStockphoto; 7t, 7c: Thinkstock; 7br: Anke Van Wyk/Dreamstime; 7bc: iStockphoto; 7br: Arnd Rockser/Dreamstime; 8: iStockphoto; 9tr: Jagodka/Shutterstock; 9cl: iStockphoto; 9cm: T.M.O.Pets/Alamy; 9cr: TracieGrant/Shutterstock; 9bc: Ian Williams/Alamy; 10-11 (background): Fotolia; 10 (two puppies c): Thinkstock; 10bl: iStockphoto; 10bc, 10br, 10-11 (five puppies), 11 (mother dog), 11 (sleeping puppy c), 11 (puppy cr): Thinkstock; 11bl, 11bc, 11br: iStockphoto; 12tl: Vaaka/Shutterstock; 12: Paradoks_blizanaca/Dreamstime; 13tr: iStockphoto; 13c: Nataliya Lukhanina/Dreamstime; 13bl: Immagy/Dreamstime;

13bc: Orhan Cam/Shutterstock; 13br: Danilo Ascione/Dreamstime; 14 (background t): Thinkstock; 14 (background b): Petrov Stanislav Eduardovich/Shutterstock; 14: DK Limited/Corbis; 15tr: iStockphoto; 15cl: Thinkstock; 15cm: Sinelyov/Shutterstock; 15cr: Tony Campbell/Shutterstock; 15bc: GK Hart/Vikki Hart/Getty Images; 16-17: Fotosearch/Getty Images; 16c: Thinkstock; 16bl: iStockphoto; 16bc: Thinkstock; 16br, 17tr, 17bl, 17bc, 17br: iStockphoto; 18-19: PJ Taylor/Getty Images; 18bl, 18bc: iStockphoto; 18br: Brberrys/Shutterstock; 19tl, 19tc, 19tr: iStockphoto; 20-21: Martin Ruegner/Getty Images; 21tl, 21tc: Thinkstock; 21tr: GK Hart/Vikki Hart/Getty Images; 22tr, 22l, 22c, 22br: Thinkstock; 23l: Jose Luis Pelaez, Inc./Blend Images/Corbis; 23tc: iStockphoto; 23tr: Thinkstock; 24-25 (background): Petrov Stanislav Eduardovich/Shutterstock; 24 (beagle, Bernese mountain dog, dachshund): Erik Lam/Shutterstock; 24 (spaniel): Thinkstock; 24-25 (Labrador/boxer, labradoodle, pug, Siberian husky, Belgian Tervuren, retriever), 24 (terrier, mutt): Erik Lam/Shutterstock; 24 (poodle): VitCOM Photo/Shutterstock; 24-25 (Labrador retriever, bulldog l, dachshund, German shepherd, bulldog r): Erik Lam/Shutterstock; 25 (Pekingese, Jack Russell terrier): iStockphoto; 26-27 (background): Petrov Stanislav Eduardovich/Shutterstock; 26 (American shorthair): DAJ/Getty Images; 26 (Siamese), 26 (ragdoll), 26 (Chartreux), 26 (Devon rex), 26 (Scottish fold), 26 (American curl), 26 (Burmese), 27tr, 27 (Sphynx t), 27 (Persian t), 27 (Peterbald), 27 (Kurilian bobtail), 27 (Siamese), 27 (Maine coon), 27 (Abyssinian): Thinkstock; 27 (Sphynx b): iStockphoto; 27 (Persian b): Thinkstock; 28-29: Aditya "Dicky" Singh/Alamy; 28l, 28bl, 28br: Thinkstock; 29c: Eric Isselée/Shutterstock; 29bl, 29br: Thinkstock; 30, 31: Thinkstock; 32: iStockphoto.

Créditos de la cubierta
Background: (bone) Dreamstime; (kitten) iStockphoto. Front cover: (tl) Kubangirl/Dreamstime; (tr) Cynoclub/Dreamstime; (c) Tim Davis/Corbis. Back cover: (computer monitor) Manaemedia/Dreamstime.